Si l'argent vous était conté
written by Catherine Bon de Sairigné, illustrated by Bruno Fourure

图书在版编目（CIP）数据

钱币的历史 / 塞利涅著；弗甫诃绘；乐凡译.—长沙：湖南少年儿童出版社，2013.3

（从小爱科学·小口袋大世界）

ISBN 978-7-5358-8781-8

Ⅰ.①钱… Ⅱ.①塞… ②弗… ③乐… Ⅲ.①货币史－世界－少年读物 Ⅳ.①F821.9-49

中国版本图书馆CIP数据核字（2012）第305645号

钱币的历史

策划编辑：周　霞　罗晓银
责任编辑：周　霞　罗晓银
质量总监：郑　瑾
封面设计：李星昱
版式设计：嘉伟文化

出版人：胡　坚
出版发行：湖南少年儿童出版社
地址：湖南长沙市晚报大道89号　邮编：410016
电话：0731-82196340（销售部）82196313（总编室）
传真：0731-82199308（销售部）82196330（综合管理部）
经销：新华书店
常年法律顾问：北京市长安律师事务所长沙分所　张晓军律师

印制：长沙湘诚印刷有限公司（长沙市开福区伍家岭新码头95号）
开本：889 mm×1194 mm　1/40　印张：1
版次：2013年3月第1版
印次：2017年3月第5次印刷
定价：6.90元

从小爱科学·小口袋大世界
钱币的历史

文/凯瑟琳·德·塞利涅
图/布鲁诺·弗甫诃
译/乐凡

钱可以做什么呢？

CNS 湖南少年儿童出版社
HUNAN JUVENILE & CHILDREN'S PUBLISHING HOUSE

如果你到商店去买东西，会先付一些硬币或纸钞给老板，然后他再把你要的东西拿给你，对不对？

这些硬币和纸钞是什么呢？

它们就是钱。我们用它们来换取需要的东西或服务。没有钱，你怎么去买食物和衣服呢？你又怎么去坐公共汽车或理发呢？爸爸、妈妈又怎么买房子呢？

不同形式的钱

除了硬币和纸钞外，你也可以用支票、储蓄卡和信用卡来付账。你虽然见不着这些存在银行户头里的钱，却照样可以使用它们。

◀很早以前，人们根本没有钱的观念

当你跟朋友交换东西的时候，例如，拿糖果换贴纸，或是拿一块漂亮的橡皮擦交换一支笔，你知道这是在做什么吗？你们是在"以物易物"。

　　以物易物是一种互相交换货物的方式。人们拿出自己的东西，来换一些别人愿意出售的货物。这种交易的方式一直进行了相当长的时间——最早的纪录是在4500年前的古埃及。虽然古代的埃及人也使用钱，但是以物易物的买卖还是很常见。

农夫在市场上用一只鹅交换了陶制容器

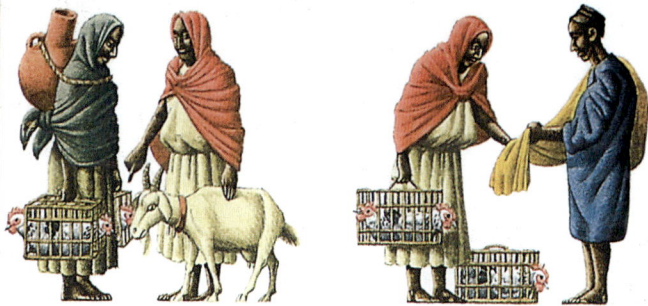

几只鸡由这个人换给那个人，每个人都换到了自己需要的东西

以物易物的条件是，双方得先同意各自的东西究竟值多少。如果上图的牧羊人没办法拿那只羊换到一些鸡，那他就不能用鸡去向布贩换到布料了。下图的陶匠拿自己的盘子换到了两只鸡，但是那两只鸡换得到他需要的谷子吗？

有些用来交换的货物是很重的，像塞浦路斯和埃及之间交换的铜制板块就是，需要用船来运输

人们把各种东西当作钱来用

咸鱼、谷物、盐、锅子、工具、动物……都曾被人当作钱使用。不同的社会选择了不同的东西来交易。

在非洲有很长的一段时间，人们把又轻又好算的玛瑙贝当成钱币使用

在古罗马，货物的价值以牛来估算

被选定为物价基准的东西，有一个固定的价值。例如，一把剑可能值两头牛。后来，人们发现：贵重的金属块容易切割又能准确称出重量，把它当作钱最实用。

阿兹台克人把可可豆当作钱用，一只兔子可能值10颗可可豆

发明钱币的克里萨斯王

克里萨斯王是吕底亚的国王，他是钱币的创造者之一，非常富有。他把纯金块和纯银块锤打出形状，并且标出它们的价值。人们在用这些金币、银币时，就不必自己称重来确定价值了。

金块和金子打造的克里萨斯金币

古波斯人、希腊人和罗马人也都打造钱币。他们设计了很多种图案，大都是显示这些国家的历史背景，像古克里特铸造的钱币上，有著名的诺萨斯迷宫；古雅典人在钱币上铸出猫头鹰的形状，因为这是代表雅典娜女神的神圣动物。

◀人们在流经吕底亚的派克托拉斯河床上，淘洗一种含有金和银的琥珀色金块

中古时代的人怎样制造钱币？

在右图这间工作室里，人们先把金属板切割成一块块的小钱币，再把钱币夹在两个铸刻的工具之间，压出图案来。

法国国王下令，巴黎所有的兑钱商都要在跨越塞纳河的一座名为"兑换桥"的桥上，设置柜台供民众换钱币

中古时代，有很多人制造钱币，但是钱币的品质都不一样。那些和现在的银行类似的兑钱商，就负责检查这些钱币的品质，把它们敲一敲，听听声音对不对，再用天平称称重量够不够。品质好的钱币声音清脆，重量也足。

英文的"银行"这个词源自意大利，原来的意思是"兑钱的柜台"

从前的钱币是用什么做的?

通常都是用黄金或白银做的，因为它们比较稀有、贵重。

到了中古时代，欧洲的贵重金属供应渐渐不足。为了寻找更多的黄金，哥伦布等航海家便驾着船，前往其他的国家探险。当年，西班牙人在南美洲，不但偷取了印加人的财宝，还逼迫他们到金矿和银矿区工作。传说，印加帝国最大的宝藏在一个叫作"黄金城"的地方，但是没有人找到。

小口袋书里的科学大世界

　　科普口袋书《从小爱科学·小口袋大世界》，小巧精致，以小开本、薄页书的形式，消除了孩子们阅读大部头科学读物的畏惧感，一下子拉近了孩子们与科学世界的距离。

　　每册书虽小，却装载着大大的世界。灵动的笔触，散文诗般的语言，向孩子们娓娓道来一个个关乎生命和自然的故事，表达一个个科学主题；独特的观察视角，细腻的绘画，为孩子们描绘出一个个自然和谐、尊重生命的科学世界，让孩子们明白，从泥土中的种子到花丛中飞舞的蝴蝶，从造纸厂的工人到遨游太空的宇航员……他们都是这个世界的美妙存在。

　　一册一世界，40册书更是为孩子们漫步科学的奇趣世界，敲开了一扇扇从好奇到热爱、从探索到研究的门。从动植物到人类，从远古到现代，从人文历史到自然科学……这套书能够很好地帮助孩子们发现自己的兴趣所在，从而引导他们走上更加深入的科学探索之路。

　　小小的口袋，大大的梦想。这套《从小爱科学·小口袋大世界》非常适合少年儿童阅读，我愿意向孩子们和他们的老师、家长推荐。

国家教育咨询委员会委员

中国科技馆原馆长　研究员

王渝生

2013年3月于北京

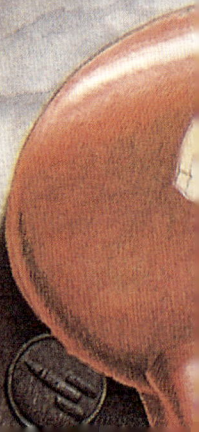

美洲人的财富被装进大帆船的船仓里，运到欧洲去，但是这趟旅程十分危险。这些船只必须避过加勒比海的珊瑚礁、大西洋上可怕的风暴，还有心狠手辣、杀人不眨眼的海盗。平均每三艘大帆船中，就有一艘船回不了港口，满载着珍宝沉到了海底。

　　海盗在掠夺了船上的财宝后，通常会把它藏在西印度群岛中的某个小岛上。有些海盗后来被捕处死了，也就把宝藏的秘密带进了坟墓。所以，被埋藏起来的宝藏，到今天仍然吸引很多人去寻找。

很多从美洲返航的船只，在希斯盘钮拉岛北方，一个被人称作银崖的沙洲附近遇难

兑换券的诞生

做伪币的人会用没有价值的金属，仿造出足以乱真的假币。不过他们一旦被捉到，是要被处决的！

有时不诚实的商人会把钱币的边缘剪去一点，或是把钱币锉薄一点，来偷取这些贵重金属。

海盗经常抢劫旅客身上的钱币，所以，后来的商人都觉得还是把钱存放在银行家那儿比较安全。

银行家会交给商人一张签了名的"兑换券"。

商人可以用这张兑换券去买货物付款，就用不着钱币了。持有这张兑换券的人，也可以到银行家那儿把它兑换成钱币。这样，钱不但可以很方便地转移，而且非常安全。兑换券就是我们今日使用的纸币的前身。

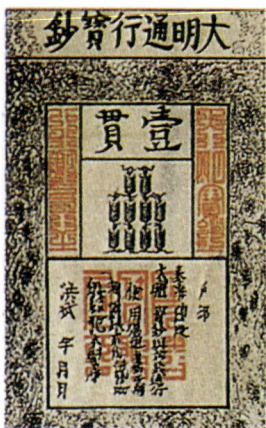

中国人在14世纪发行的纸币

最初，纸币代表一笔黄金或白银的总数，也就是客户交给银行保管的总额。银行把一张手写的收据交给客户，上面载明了保管的钱是多少。这些收据就是最早的纸币。在银行里保管的珍贵金属的总价值，一定和发出去的纸币价值相当，而任何拥有纸币的人，也可以随时到银行去兑换回黄金或白银。

如果你找得到英国银行从前发行的纸币，你会在上面发现这样的声明："本人同意应持票人要求支付……金额。"只是现在你再也不能用它来换取黄金了！

纸币可以由任何人在任何地方使用，而且没有时间限制

18世纪时，银行家约翰罗的银行倒闭，使得人人手中的钞票都成了无用的废纸，因此引发了社会暴动

12世纪时，人们用图中这种沉重的压印机，以旋压方式制作钱币。现在，钱币都用电动的机器来压印了

今天钱币的价值已比过去低。人们不再用珍贵的金属来铸造钱币，而是用铜、镍、黄铜和钯的合金铸造。中国的钱币是在中国银行造币厂铸造的。每个国家的钱币上，大都铸刻了面值、发行日期。现在就找些硬币来看看，你可能会发现有些硬币是很久以前铸造的。

17世纪以来，人们不但替钱币铸造出轮廓清晰的边缘，还刻成沟槽状，以防人锉削它的分量。这枚意大利钱币是用两种不同的金属做的

这张纸钞先由艺术家设计图案，再由雕刻师把图案镌刻在模板上，然后印出正、反两面

印制钞票的过程很慎重，钞票必须做到不易仿造、复制才行。它是用特殊纸张印制的，如果你把钞票拿起来，对着灯光照看，就会发现有图案浮现出来，这就是"水印"。

在钞票的底色中，通常会加上图案，这些图案大都是由电脑设计的

水印

当钞票脏了、撕破或损毁了，银行就会用新钞把它们换回去，然后全部销毁。

每个国家都有自己的货币制度。你可以拿一个国家的货币来兑换另外一个国家的货币。兑换的比率要看这种货币相当他国货币的价值是多少而定。

美国的货币　　　　美金

日本的货币

德国的货币　　　　马克

意大利的货

西班牙的货币　　　西班牙币

荷兰的货币

世界上最小的纸
币是摩洛哥发行
的，它比一张邮
票大不了多少

瑞士的货币　　　　瑞士法郎

日圆　　　　比利时的货币　　　比利时法郎

里拉　　　　法国的货币　　　　法郎

荷兰币　　　　英国的货币　　　　英镑

近代，大多数的人都把它们的钱存放在银行里，因为银行不但提供许多项服务，而且比较安全。

当人们把大笔的钱存进银行后，会得到一本支票簿。付款时，用支票来代替硬币或纸钞，就不必带太多的现金到处跑了。

随身带太多钱，是很危险的

开支票

也许你看过爸爸、妈妈开支票。他们会在支票上填好日期，写明给付的金额和受款人的姓名，然后签上自己的名字。受款人拿着支票到银行，银行就会从你爸爸、妈妈的账户里，支出支票上写明的金额，付给这位支票上指明的受款人。

大多数人都是靠工作来赚取生活费用，只有努力工作，才能获得金钱作为报酬

　　我们把钱存入银行，银行就替我们开一个账户，然后给我们一本存折、支票簿或借记卡

　　我们可以用支票来代替现金，购买我们需要的一切物品

　　商店的老板拿支票到银行去取钱，从银行账户里取得支票上注明的金额

保安人员用运钞车来运送巨额的钱

　　银行也提供许多其他的服务。如果你的父母没有足够的钱买房子或车子，银行也会借钱给他们。这就叫作信用贷款。不过提供这样的服务，银行会收取一点费用，当你的父母还钱的时候，就要付出比原来借的金额稍微多一点的钱；这额外付出的钱，就叫作利息。

通常银行里都设有一间金库，其中的保险柜可以供客户把钱、珠宝或贵重物品存放在里头

信用卡是什么?

它们可以像支票一样地使用,但是更安全,因为它们是有密码的。信用卡是一种非现金交易付款的方式,持卡人持信用卡消费时无须支付现金,待结账日时再行还款。

爸爸、妈妈还经常使用一种卡,叫作"借记卡"。这种卡具有转账结算、存取现金、购物消费等功能。也许不久以后,我们就不再需要硬币、纸钞或支票了。

这些黑色磁条里藏有密码

你可以用借记卡从自动提款机里提钱,只要你输入一组和卡上所存密码相同的数字

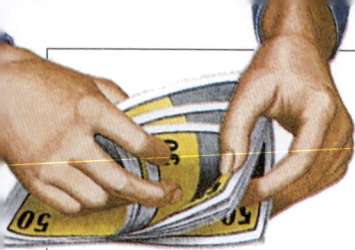

代表钱的字

"孔方兄""银子""面包"等字眼儿，都会被人用来代表金钱。中国使用的货币是人民币。

抵押贷款：银行为了帮助人们购买房屋，而贷出大笔的金钱。这笔钱加上利息，是要用很多年的时间，按月偿还的。

证券公司：是专门从事有价证券买卖的法人企业，也是一种金钱交易的市场。

这栋外观看起来像个希腊神庙的建筑，其实是法国的一家证券公司

这些都是旧式的钱包

有关钱的俗语

"把钱丢进水里"表示浪费金钱。

"拿钱当柴烧"表示非常有钱。

"时间就是金钱",所以我们不可以浪费时间!

其他还有"贪财是万恶之源"、"金钱是善仆,也是恶主"、"滚石不生苔,转业不聚财"、"书中自有黄金屋"等。

一位外国诗人也写道:

"人人都说钱会说话,

我也觉得此言不假。

它的确曾对我开口,

说的却是拜拜!

但请你牢记——

生命中真正的宝贝,

从不需要花钱去买!"

你想不想和这些海盗玩寻宝游戏?

　　帮他们打开洞穴的大门吧！首先，你得从岩石上写的字句中，找出粗圆字体的字，才可以组合出开门的口令；然后再挑出能跟门上的钥匙洞吻合的钥匙。

口令是"宝山藏奇王"，
正确的钥匙是第7枝。

这些岩石后面**藏**了些什么？稀罕的珍禽异兽？

岩石和美**玉**？

装满珍珠的**宝**箱？

黄金

堆积成**山**的钻石？

从小爱科学·小口袋大世界（40册）

1. 灌木丛下的动物
2. 五种感官
3. 地底下的动物
4. 动物建筑师
5. 勤劳的小动物
6. 动物的迁徙
7. 可爱的小动物
8. 动物变变变
9. 自然观察日记
10. 海边生物
11. 蓝色的海洋
12. 神秘的高山
13. 交通工具
14. 太空探险
15. 星星和月亮
16. 撒哈拉沙漠
17. 称一称，量一量
18. 睡觉和做梦
19. 钱币的历史
20. 保护野生动物

21. 爱斯基摩人
22. 电影和电视的秘密
23. 奇妙的机器——人体
24. 恐龙的世界
25. 金属的秘密
26. 花的世界
27. 石油的旅行
28. 火山爆发了
29. 消防队员出动了
30. 生活在阳光下
31. 夜行性动物
32. 人口稀少的地方
33. 转动的轮子
34. 猴子和类人猿
35. 大自然的时钟——树
36. 鸟和巢
37. 纸的故事
38. 毛毛虫的一生
39. 鲸、海豚和海豹
40. 空气的魔术

"从小爱"系列
更多好书 与你分享

从小爱科学·有趣的物理（全13册）

以孩子的生活体验为基石，轻松活泼地阐释物理知识，激发孩子的求知欲和探索精神！

从小爱科学·神奇的化学（全7册）

选材来源于日常生活，聚焦孩子最容易产生疑问的化学现象，让孩子的好奇心变成学习化学的兴趣和动力！

从小爱数学（全40册）

送给孩子最有趣、最全面、最科学的数学启蒙书，让孩子快乐、循序渐进地学习几何与代数！

从小爱科学套装（全60册）

提高孩子对数学、物理和化学入门兴趣的首选品牌。循序渐进，学以致用，孩子快乐学习好伙伴，家长和老师的好帮手！

读者对象：4—7岁亲子共读，7—10岁自主阅读